NOTE

PRÉSENTÉE A SA GRANDEUR

MGR L'ARCHEVÊQUE DE PARIS

PAR

BOGHOS DADIAN

Directeur des Poudreries impériales de Constantinople, membre du Conseil national arménien, etc., etc.

A SA GRANDEUR

MONSEIGNEUR SIBOUR

ARCHEVÊQUE DE PARIS, ETC., ETC.

Monseigneur,

L'accueil bienveillant, vraiment chrétien, que Votre Grandeur m'a fait lors de ma dernière visite, et l'effusion avec laquelle votre cœur paternel a répandu sur moi, ainsi que sur toute ma famille, la sainte bénédiction pastorale, m'encouragent à soumettre à l'examen impartial de Votre Grandeur le présent mémoire.

Le R. P. Gabriel Aïvazovsky, qui avait bien voulu me présenter à Votre Grandeur, lui a donné ce jour-là, verbalement, sur son invitation, quelques explications au sujet des questions qui semblent séparer notre Église nationale de l'Église universelle. Ces explications étaient si claires, si précises, que Votre Grandeur n'a pas hésité un instant à reconnaître que si tout ce que le P. Aïvazovsky disait était conforme à la vérité, ainsi que vous en étiez persuadé, au fond il n'y avait pas de différence entre la croyance de notre Église et la vôtre; que l'Église arménienne se trouve vis-à-vis la grande Église de Rome à peu près dans les mêmes rapports que l'Église gallicane, et que, par conséquent, je suis aussi bon catholique que vous, Monseigneur.

J'étais tout heureux de me voir dès lors moi-même, ainsi que mon Église nationale, grâce au témoignage de Votre Grandeur, à l'abri de toute attaque des gens peu instruits du fond de ces questions; car il y a beaucoup de personnes, même parmi le clergé de France, qui nous imputent des erreurs grossières, et nous qualifient des noms odieux de *schismatiques* et même d'*hérétiques*.

S'il est vrai que l'ignorance est la mère de l'erreur, je présume qu'il est nécessaire, indispensable, de dissiper cette ignorance des écrivains de l'Europe qui les induit en erreur sur le compte de la croyance d'une des plus belles, des plus antiques et des plus orthodoxes Églises de l'Orient chrétien.

J'ai donc pris la liberté de mettre par écrit, en les développant, ces mêmes explications; je les ai fait traduire en français, et je ne doute nullement, Monseigneur, que vous ne les trouviez tout à fait conformes à ce que vous avez déjà entendu et approuvé.

Une confirmation de cette approbation donnée de la part de Votre Grandeur, serait pour moi et ma chère nation une véritable source permanente de la bénédiction que vous m'avez accordée et que j'implore pour tous mes coreligionnaires de l'Orient.

J'ai l'honneur d'être, Monseigneur,

De Votre Grandeur,

Le très-humble et très-obéissant serviteur.

BOGHOS DADIAN,

Directeur des Poudreries impériales de Constantinople, membre du Conseil national arménien, etc., etc.

Paris, ce 25 juin 1855.

NOTE

RELATIVE AUX INCULPATIONS QUI SONT FAITES A L'ÉGLISE ARMÉNIENNE.

Au milieu de toutes les épreuves qu'il a plu à la divine Providence de faire subir de temps en temps au peuple arménien, sa fidélité à la foi de ses pères a brillé constamment d'un éclat incontesté; c'est cette foi qui a été la seule sauvegarde de son individualité parmi les nations de l'Orient.

Ce furent les saints apôtres Thaddée et Barthélemy qui, les premiers, firent connaître à l'Arménie cette religion qu'elle devait pratiquer avec tant de ferveur; mais elle ne devint la croyance du pays et la religion de l'État qu'au commencement du IV° siècle, par les mérites et grâce aux prédications de saint Grégoire l'Illuminateur.

Tout le monde convient qu'elle est restée pure et sans mélange d'aucune erreur pendant plusieurs siècles.

Les guerres et les révolutions politiques qui se succédèrent en Orient, et surtout en Arménie, jusqu'au temps des croisades, interrompirent les relations amicales de l'Église arménienne avec l'Église de Constantinople d'abord, et ensuite avec l'Église de Rome, ou les rendirent et plus difficiles et moins fréquentes.

Vers la fin du xii° siècle, les temps devenant meilleurs, les Arméniens recommencèrent à se rapprocher des Européens.

Plus tard, au Concile œcuménique de Florence, les Arméniens exposèrent leur profession de foi, et obtinrent du pape Eugène IV la célèbre *Bulle aux Arméniens*.

Malgré ces preuves éclatantes d'orthodoxie, quoique les patriarches arméniens, jusqu'au commencement du dernier siècle, aient eu à cœur d'être en relation avec le Saint-Siége, l'Église arménienne ne laissa pas d'être regardée par une partie du monde chrétien comme séparée de l'Église universelle.

Mais ce sont surtout certains Européens, égarés par le zèle malentendu de quelques missionnaires peu instruits des mœurs et des usages orientaux, qui n'hésitèrent pas à flétrir les Arméniens des noms odieux d'*hérétiques* et de *schismatiques*.

Les plus sages parmi les Arméniens, ceux qui connaissent le mieux la situation de leur nation à l'égard des peuples les plus civilisés de l'Europe, déplorent amèrement cet état de leur Eglise, quoiqu'ils ne puissent y apporter aucun remède efficace, à cause des difficultés des temps et des circonstances.

L'Église arménienne a toujours cru devoir se donner elle-même ses patriarches, ainsi que c'était l'habitude générale des Eglises patriarcales de l'Orient. Elle a conservé le dogme, l'enseignement catholique et les sacrements tels qu'on les trouve dans les Pères grecs des premiers siècles.

Les reproches qu'on lui fait aujourd'hui de ne pas adopter : 1° la doctrine de la procession du Saint-Esprit, non-seulement du Père, mais aussi du Fils; 2° la reconnaissance de deux natures en Jésus-Christ; 3° la doctrine de l'état des âmes après la mort; 4° la primatie du Pape, ne sont pas fondés. Il est facile de s'en apercevoir en lisant les écrits des docteurs dont elle se fait gloire de suivre fidèlement et invariablement la doctrine.

I. Procession du Saint-Esprit du Père et du Fils.

Saint Grégoire l'Illuminateur, premier patriarche ou *catholicos* de l'Arménie, dans le IV° siècle : « Le Père est de soi-même, le Fils est du Père, le « Saint-Esprit est d'eux et en eux. » — Cette formule était souvent placée par les patriarches de l'Arménie au commencement de leurs lettres pastorales.

Saint Élisée, docteur célèbre du V° siècle, dans un passage qui nous a été conservé par l'historien Vartan : « Le premier (le Père) n'est engendré « de personne ; le second (le Fils) est engendré du « premier ; le troisième (le Saint-Esprit) émane et « procède du second et du premier, comme le « fruit provient de l'arbre et de la racine. »

Le Concile national de Schiragvan (l'an 862) : « Si quelqu'un ne professe pas qu'il y a dans la « Sainte Trinité une nature et trois personnes : le « Père sans cause, et le Fils engendré du Père, et « le Saint-Esprit procédant de leur essence, en « égalité complète entre eux, qu'il soit anathème. »

La même doctrine a été discutée et pleinement confirmée dans un autre Concile national réuni exprès pour cet objet, l'an 1251.

Que si quelques-uns des Pères arméniens ont employé le plus souvent la formule de l'Évangile : *Qui procède du Père,* au moins il n'est personne qui ait dit : Qui procède du Père, *non du Fils.* — En outre, ceux qui ont évité l'expression arménienne *pekhoumn (émanation* ou *procession),* l'ont fait parce que ce mot signifie plus spécialement la procession *de la source* ou *d'un seul principe.*

II. Deux natures en Jésus-Christ.

L'Église arménienne a constamment reconnu Jésus-Christ vrai Dieu et vrai homme; par conséquent, deux natures en une personne, la personne du Verbe. Ainsi, dans tous les temps, elle a rejeté les erreurs opposées de Nestorius et d'Eutychès.

La cause principale, et presque unique, des discussions qui s'élevèrent parfois entre les Grecs et les Arméniens, c'est l'ambiguïté du mot arménien *pnoutioun* (φύσις, *nature*), qui signifie plus proprement *personne*.

C'est donc à tort que quelques auteurs donnent aux Arméniens les noms de *monophysites* et d'*eutychéens*. Ils n'ont qu'à lire le discours de Jean Otznétzi, surnommé *le Philosophe*, patriarche de l'Arménie du viiie siècle, discours publié à Venise avec une traduction latine, par le P. J.-B. Aucher, l'an 1816. Soumis à l'examen des plus célèbres théologiens de Rome, ce discours fut reconnu complètement conforme à la doctrine de l'Église universelle.

En outre, saint Nersès Glaïétzi, patriarche de l'Arménie du xiie siècle, dit clairement : « Dire
« aussi deux natures en Jésus-Christ, à cause de
« la réunion des deux en une seule personne,
« n'est pas contraire à la vérité, si toutefois l'on
« ne divise pas en deux l'unité. »

Saint Nersès Lampronatzi plus clairement encore : « Dire Jésus-Christ Dieu et homme, et le
« dire de deux natures, c'est la même chose. »

III. Etat des âmes après la mort.

L'Église arménienne croit que les âmes, séparées du corps par la mort, se présentent immédiatement au tribunal divin. Celles qui méritent la vie éternelle se reposent dans la béatitude céleste; celles qui sont parties avec des péchés légers, mais qui n'ont pas été expiés en cette vie, vont dans une demeure où il y a des peines proportionnées à la grandeur et au nombre des péchés, et qui peuvent être tempérées et abrégées par les vœux des fidèles qui sont sur la terre.

C'est ce qu'explique en ces termes saint Grégoire l'Illuminateur : « Quant aux fidèles qui,
« après avoir péché, ont confessé et subi la péni-
« tence, et sont morts après avoir communié au
« sacrement salutaire, il faut que commémora-
« tion se fasse d'eux, par le saint sacrifice de Jé-
« sus-Christ, par les prières, par la charité envers
« les pauvres, et par d'autres œuvres de piété, afin
« que, avec le secours de ceux qui vivent encore,
« les décédés se renouvellent à la régénération de
« la vie éternelle. »

C'est aussi dans cet esprit que l'Église arménienne a prié de tout temps pour les morts. Il suffira de citer une seule de ces prières, composée par le saint patriarche Nersès Glaïétzi : « Terrible « est le mystère du prêtre qui se tient debout, les « bras tendus, devant le saint autel. Le feu s'éteint, « les ténèbres se dissipent, les âmes attristées se « réjouissent de ce que leurs péchés se remettent. « O Dieu de miséricorde, ayez pitié des âmes de « nos trépassés. »

Malgré cette croyance claire et expresse, le nom du *purgatoire* n'existe pas dans la langue arménienne, et le mot *kavaran*, adopté par les Arméniens unis pour désigner le purgatoire, signifie plus proprement *propitiatoire*.

Quant aux peines éternelles des réprouvés, les Arméniens n'ont jamais douté de leur existence.

IV. La Primatie du Pape.

Les Arméniens tiennent l'évêque de Rome pour le vrai successeur de saint Pierre; par conséquent, pour le possesseur de toutes les prérogatives par lesquelles Jésus-Christ a voulu distinguer saint Pierre des autres apôtres.

Nous avons rappelé plus haut les anciennes relations des chefs de l'Église arménienne avec les Papes : quelques passages, entre tant d'autres, des docteurs arméniens prouveront surabondamment le respect qu'ils ont toujours eu pour les successeurs de saint Pierre.

D'abord, pour démontrer que les Arméniens reconnaissent aux Papes le droit de présider aux Conciles, nous ne citerons qu'un seul passage de la vie de saint Athanase, traduite ou composée en arménien probablement dès le v° siècle : « Julius, « archevêque de Rome, assiste au Concile de Sardes « (par son représentant); parce qu'il n'était pas « convenable, d'après la discipline des orthodoxes, « de convoquer un Concile sans le consentement « de l'archevêque de Rome. »

Le patriarche Zacharie du ix° siècle : « Il avait « résolu d'établir à Rome le siége de Pierre et de « Paul, et la principauté de l'Église. »

Saint Nersès Glaïetzi écrivait, l'an 1168, à l'empereur grec de Constantinople: « D'autant plus que « nous avons appris que le saint, le premier de « tous les archevêques, le patriarche de Rome, le

« successeur de l'apôtre Pierre, avait envoyé quel-
« ques-uns de ses savants pour parler devant Vo-
« tre Majesté de la conciliation de foi. »

Mekhitar Koche, docteur du xiiie siècle, en comparant la hiérarchie céleste à la hiérarchie ecclésiastique dit : « Neuvième ordre, supérieur à « tous les autres, c'est le Pape, ressemblant aux « Chérubins. »

Nous laissons de côté d'autres témoignages non moins clairs ni moins authentiques, croyant que les passages cités par nous sont plus que suffisants pour démontrer le respect que les Pères de l'Église arménienne témoignèrent de tous temps pour le souverain Pontife de Rome.

La seule chose que rejettent les Arméniens, c'est la *suprématie* du Pape telle qu'elle est reconnue de nos jours, parce qu'elle semble les priver du droit antique et traditionnel de se donner eux-mêmes leur patriarche.

Telle est, dans toute sa sincérité, la doctrine et l'état de l'Église arménienne.

Et pourtant une prévention de quelques auteurs grecs du xie siècle a réussi à la discréditer aux yeux du monde chrétien. Les savants Pères de cette Eglise ne cessèrent pas d'écrire et de protester contre ces adversaires, mais leur voix ne fut pas écoutée, ou plutôt on ne les comprit pas. La langue arménienne était peu connue; on ne sut pas ce qui venait d'être publié dans cette langue; tandis que la langue grecque étant alors très répandue, les ouvrages de Nicon (honoré par les siens et par les Latins du titre de saint) et ceux d'autres auteurs grecs ont été accueillis en Occident comme des écrits dignes de toute confiance. C'est depuis ce temps-là que l'Eglise arménienne fut considérée par les Grecs et les Latins comme éloignée de l'orthodoxie de l'Eglise universelle.

Cet état de choses dura jusqu'à l'époque où l'empereur grec Manuel Comnène, animé du désir de s'informer de la croyance des Arméniens, s'adressa à saint Nersès Glaïétzi, surnommé le Gracieux, catholicos de l'Arménie, pour en obtenir les explications nécessaires. Le saint patriarche se mit avec empressement à l'œuvre; il démontra tout au long et avec un style plein de sincérité, d'énergie et d'onction, combien le dogme de l'Eglise arménienne a toujours été conforme à celui des Eglises grecque et latine. Ces explications ont tellement satisfait les deux parties, qu'on était à la veille d'une réunion cordiale lorsque la mort enleva saint Nersès à son troupeau.

Le successeur de ce digne prélat, le catholicos Grégoire, voulut achever l'œuvre si bien commencée par son prédécesseur; il réunit, en 1179, un Concile à Roum-Kalé, résidence patriarcale des Arméniens à cette époque, et saint Nersès Lampronatzi, archevêque de Tarse, y prononça un discours très-remarquable dans lequel, tout en expliquant les motifs des dissensions existant entre les Grecs et les Arméniens, il prouva d'une manière incontestable la facilité aussi bien que la nécessité de rétablir la paix et la concorde entre les chrétiens des deux Églises également orthodoxes. Malgré tant de généreux efforts, on n'atteignit pas le but : les attaques continuèrent de part et d'autre, et les adversaires de la réunion allaient toujours en augmentant.

L'Eglise latine avait été jusqu'alors, et ensuite pendant longtemps, très-bienveillante pour l'Eglise arménienne; cependant, dès l'année 1238, le patriarche latin d'Antioche essaya de soumettre à sa juridiction le catholicos arménien. Irrité par l'insuccès de ses démarches, il en porta plainte à Grégoire IX; mais le pape jugea prudent de s'informer de la question : il en écrivit aux Arméniens, et la réponse qu'ils lui adressèrent le satisfit pleinement.

Deux évêques arméniens, nommés Nersès et Simon, excommuniés en 1341 par le catholicos Mekhitar, à cause de leur mauvaise conduite, se joignirent à quelques missionnaires latins pour accuser le catholicos et son église comme entachés d'hérésie. Ils dressèrent une liste renfermant rien moins que cent treize erreurs de l'Eglise arménienne, et ils se rendirent à Avignon pour la présenter à Benoît XII. Le pape expédia cet écrit à Léon, roi d'Arménie, qui le remit à son tour au catholicos. Mekhitar s'empressa de réunir à Sis, capitale de l'Arménie, tous les évêques et archevêques arméniens pour délibérer sur la réponse à faire aux accusations. Le Concile adressa cette réponse, ou plutôt cette réfutation formelle de toutes les accusations portées contre l'Eglise arménienne, au pape Clément VI, qui, dans une lettre écrite au catholicos, lui témoigna toute sa satisfaction.

Il est à noter que toutes les fois que les papes, au lieu de prêter l'oreille à des accusations portées contre l'Eglise arménienne, se sont adressés à ses patriarches pour les vérifier, cette Eglise a toujours eu gain de cause contre ses accusateurs.

Dans les correspondances qu'Innocent XIII et Clément XI entretinrent, le premier en 1697, et le second en 1701, avec Nahabed, catholicos arménien, et en 1710 avec le catholicos Alexandre, ces papes les traitaient de *chers frères en Jésus-Christ.*

Ainsi donc, ni avant ni après ces époques, l'Eglise de Rome n'a déclaré en Concile, après examen, que l'Eglise arménienne était dans l'erreur, schismatique, hérétique, etc. Que si quelques missionnaires latins, ou plutôt certains prêtres arméniens latinisants, ont travaillé de tous temps et ne cessent de travailler à dénigrer de la sorte l'Eglise arménienne, il est certain qu'ils sont guidés par un zèle malentendu ou par une intention coupable de justifier le latinisme qu'ils ont embrassé et leur mépris pour les rites nationaux arméniens.

Les premières années du pontificat de Pie IX ont été sur le point d'être illustrées dans les annales de l'Eglise universelle par un rapprochement complet de l'Eglise d'Arménie à celle de Rome. Monseigneur le nonce Ferrieri reçut, durant son séjour à Constantinople, une députation du conseil national des Arméniens de la Turquie, choisie parmi les personnages notables de la capitale. Le soussigné a eu l'honneur d'en faire partie. Un exposé des doctrines de l'Eglise arménienne, présenté par cette députation, a obtenu l'approbation pleine et entière de Mgr le nonce. Malheureusement ce prélat, insistant sur la convenance, la nécessité même de la nomination des patriarches et des évêques nationaux par le pape, contrairement à l'usage séculaire établi en Orient, cette démarche des représentants des Arméniens de la Turquie n'a eu aucun résultat.

Nous n'ignorons pas que certains théologiens européens attachent beaucoup d'importance à ce que le nom du pape soit solennellement prononcé dans la liturgie de la messe. Outre que cet acte ne devrait être considéré que comme un point plus ou moins essentiel de la *discipline* ecclésiastique qui n'a jamais été observé dans les églises d'Orient, qu'il nous soit permis de dire que, à notre avis, comme on ne peut dire que les Arméniens sujets russes, parce qu'ils prononcent à la messe le nom de l'empereur de Russie, le reconnaissent pour chef de leur Eglise, de même on ne peut pas non plus dire avec raison que, pour n'avoir pas prononcé le nom du pape à la messe, les Arméniens sujets turcs et autres méconnaissent ses droits, et qu'ils sont séparés de l'Eglise gouvernée par lui.

Et pour terminer cet exposé rapide de la doctrine et de l'état de l'Eglise arménienne, nous dirons que cette Eglise a strictement et religieusement conservé jusqu'ici tout ce qu'elle a appris de ses anciens docteurs en matière de dogme et de rites; elle n'y a rien ajouté ni rien retranché, depuis le XII° siècle, dans lequel vivait saint Nersès Glaïétzi, dont les ouvrages sont connus par diverses traductions, et font autorité incontestable dans toutes les questions dogmatiques et liturgiques. Ce qui est affirmé aussi par le Concile tenu à Constantinople en 1820. La déclaration de la profession de foi de l'Eglise arménienne fut imprimée à Constantinople par le même Concile, sous le titre d'*Invitation à l'amour fraternel*.

Les Arméniens d'aujourd'hui déclarent qu'ils sont résolus à persévérer dans ces principes, parce que ces principes étant ceux que saint Grégoire leur a laissés, et ne s'en étant jamais écartés, ils les considèrent comme étant de tradition apostolique; et parce que c'est tout ce qui leur reste d'une nationalité toujours aimée, et qui n'a pas été encore entièrement détruite.

Ils protestent de toutes les forces de leur conscience contre toutes les innovations qui ont pu s'introduire autrefois ou de nos jours dans la doctrine de leurs anciens Pères, sur les questions les plus controversées parmi les chrétiens, et ils seraient disposés à les faire disparaître de l'enseignement et du culte.

Ils aiment à croire que cette exposition de l'état religieux de la nation arménienne attirera la bienveillante attention de tous leurs frères en Jésus-Christ. Ils pensent qu'elle suffira pour leur valoir l'approbation des théologiens les plus éclairés de l'Europe chrétienne.

Paris. — Imprimerie Walder, rue Bonaparte, 44.

www.ingramcontent.com/pod-product-compliance
Lightning Source LLC
Chambersburg PA
CBHW060924050426

42453CB00010B/1858